# CASUAL STEP

**1**

# CASUAL STEP 1

발행일    2016년 6월 25일

지은이    남 상 경
펴낸이    손 형 국
펴낸곳    (주)북랩
편집인    선일영                        편집    김향인, 권유선, 김예지, 김송이
디자인    이현수, 신혜림, 윤미리내, 임혜수        제작    박기성, 황동현, 구성우
마케팅    김회란, 박진관, 김아름
출판등록   2004. 12. 1(제2012-000051호)
주소     서울시 금천구 가산디지털 1로 168, 우림라이온스밸리 B동 B113, 114호
홈페이지   www.book.co.kr
전화번호   (02)2026-5777                  팩스    (02)2026-5747

ISBN    979-11-5987-067-5 04740(종이책)
        979-11-5987-087-3 04740(SET)
        979-11-5987-068-2 05740(전자책)

이 도서의 국립중앙도서관 출판예정도서목록(CIP)은 서지정보유통지원시스템 홈페이지(http://seoji.nl.go.kr)와
국가자료공동목록시스템(http://www.nl.go.kr/kolisnet)에서 이용하실 수 있습니다.
(CIP제어번호 : CIP2016014418)

성공한 사람들은 예외없이 기개가 남다르다고 합니다.
어려움에도 꺾이지 않았던 당신의 의기를 책에 담아보지 않으시렵니까?
책으로 펴내고 싶은 원고를 메일(book@book.co.kr)로 보내주세요.
성공출판의 파트너 북랩이 함께하겠습니다.

# CASUAL STEP

남상경 지음

## 1

당신의 0살 영어를
7살로 키워 주는
실전 영어 프로젝트

북랩 book Lab

# Prologue

대한민국에서 영어를 하고 싶어 하는 사람들은 매우 많다. 아마 유치원생부터 기성세대에 이르기까지, 기본적으로 영어에 대한 두려움이 없는 수준까지 영어를 하고 싶을 것이다.

한국 사람들이 영어를 대하는 태도는 여러 가지가 있는데, 그 중에 가장 잘못된 오해가 있다. 그것은 바로 '나의 영어 실력이 몇 살인가?'다. 대부분은 이러한 의문 없이 무작정 영어학원에 등록해 다녔을 것이다.

대한민국 영어교육의 현 실태를 살펴보면 대개 '영어는 결국, 어법 및 단어 싸움'이라는 인식이 널리 퍼져있다. 하지만 언어는 혓바닥에서 시작하는 것이므로 일단 말을 해야 그 첫 테이프를 제대로 끊을 수 있다.

단어를 많이 외워서 수능을 치렀던 저자의 세대 또한 그저 외우고 문제를 많이 풀어 대학에 가는 방식으로 영어에 접근했다. 하지만 현재에 이르러 실질적인 언어 능력에 더 초점이 맞추어지면서 '어떻게' 하면 영어를 잘 '말할 수 있는지'에 의문을 가지는 사람들의 욕구가 더욱 커지고 있다.

현실적으로 한국에서는 영어를 트는 데 한계가 있다는 생각에 외국으로 나가는 사람의 수도 적지 않다. 영어는 어느새 영원한 숙제가 되어 버렸으며, 반드시 풀어야 하는 통과의례가 되고 말았다.

영어? 생각보다 쉽다. 이 책을 쓰는 저자의 영어실력이 궁금하지 않은 가? 저자는 지금 국내에서만 6년째 영어를 쓰고 있다. 2010년에 처음 영어를 배우기 시작하여 현재까지 영어를 가르치면서 영어를 하루의 일상처럼 쓰고 있다.

– 영어는 일상이 되어야 한다. 단 3개월 또는 6개월 동안 배울 때만 쓰고 다시 쓰지 않으면 영어는 본래의 0살로 돌아간다. 배운 것을 가지고 잘 활용할 수 있어야 한다. 그래서 우리 회원들은 영어 실력을 유지하기 위해서라도 내가 있는 학원에 다니며 다양한 사람들과 대화를 한다.

– 언어는 머리로 공부하는 것이 아니라 혀로 연습하는 것이다. 영어도 뭇 언어들 중 하나이기 때문에 입을 꾹 다물고 표현법과 어휘, 문장 등을 머리로 주입시키려 하지 말고 입으로 연습하면서 그 내용들을 혓바닥에 갖다 붙여야 그 언어가 내 것이 될 수 있다. 내가 언제 어디서든 어떤 상황이 닥쳐도 말을 할 수 있게 말이다.

– 영어는 배울 때 쉽게 배워야 한다. 영어 배우는 길은 생각보다 다들 비슷하며 복잡하다. 영어를 배울 때는 다 필요 없다. 일단 자신의 입

을 떼어 말을 뱉어야 한다. 선생이 앞에서 강의하는 것만 듣고 말은 언제 할 텐가? 저자가 주는 책을 일단 읽으며 대화할 준비를 갖춰야 한다. 수업이 60분이라면 60분 동안 쉬지 않고 말을 해야 한다. 그것이 본 저자가 이 책을 쓴 이유다.

– 자신의 실질적인 나이가 24세라고 할 때 영어를 시작하기에 앞서, 20세에 맞게 성인 영어를 공부해야 한다고 생각한다면 정말 대단한 착각이다. 영어를 한 번도 써 본 적이 없는데, 어떻게 내 영어 실력이 20세가 될 수 있을까? 나의 영어 실력은 그냥 0살임을 인지하라. 그리고 영어에 '성인 영어, 유아기 영어, 여행 영어 등등' 의미 없는 말은 쓰지 말자. '여행 한국어'라는 한국말이 없듯이. 영어뿐만 아니라 모든 언어는 0살에 맞게 수준별로 공부하면서 7세, 12세, 17세 등으로 나의 언어 실력에 맞춰 키워가는 것이다.

– 영어에 대한 고정된 답이 있을까? 당신은 "How are you today?"라고 물으면 어떻게 대답할 텐가? 혹, "I am fine."이라고 한 마디 할 것인가? 아니면 "Thank you and you?"라고 누가 가르쳐 준 대로 읊을 것인가? 그럼 상대방이 의외의 질문을 던져오면 어떻게 받아치려고? 저 단순한 질문 하나에도 "I am quite busy but good because I have something to do. My job sometimes makes me unhappy, but I usually feel good at work. I have…."라고 말을 이어갈 수 있다면 당신의 언어 실력은 7살 이상으로서 Casual Talk, 즉 일상 대화가 가능한 사람이다.

– 언어를 배우는 데 시제는 잠시 미루자. 위의 대답은 시제가 들어가 있지 않다. 과거, 미래, 현재완료 등 대화할 때 필요한 여러 가지 시제가 많지만 본 'CASUAL STEP 시리즈'에서는 전혀 다루지 않는다. 왜냐하면 현재형만으로도 충분히 영어를 틀 수 있기 때문이다. 하지만 저 정도의 실력을 유창하다고 하지는 않는다. 유창한 단계로 가기 위한 첫 단계다.

첫 단추를 잘 끼우면 다음 단추에서 마지막 단추까지 잘 마무리할 수 있다. 영어를 공부할 때 문법에 맞는 언어와 함께 한다면 시제가 들어가 있는 문장도 쉽게 이해할 수 있다. 한국말에 없는 시제의 개념이 영어에는 많기 때문에 현재형으로 기본 언어 실력의 뼈대를 제대로 쌓아야 한다.

본 저자는 영어의 일상회화를 트는 데 "CASUAL STEP 1, SUPPORTIVE CASUAL STEP 1 / CASUAL STEP 2, SUPPORTIVE CASUAL STEP 2 / CASUAL STEP 3, SUPPORTIVE CASUAL STEP 3 / CASUAL STEP Q and A"를 한 묶음으로 구성했다. 6개월 과정, 9개월 과정, 12개월 과정을 본 책과 함께 공부하며 반복 학습함으로써 유창한 English Speaker가 되기를 바란다.

저자 남상경

# CASUAL STEP 1에 대하여

중학생부터 다양한 연령대의 성인에 이르기까지 공부할 수 있는 책으로써, 소리 내어 매일 연습함으로써 효과를 보게 되는 책이다. (초등용 책은 Junior 시리즈로 만나세요!) 이 책은 가장 기본적인 문장을 구사할 수 있게 만들어 놓았으며 각 챕터마다 구성이 다르다.

### Chapter 1. Reading & Feedback

반드시 알아야할 문장들을 연습하고 그에 걸맞은 스토리를 읽고 요약 및 자신의 이야기를 교사에게 말해야 한다. 이때 교사는 학생의 말을 듣고 틀린 부분을 교정해 준다.

### Chapter 2. Reading

읽기만 하지만, 앞 챕터에서 공부한 내용을 더 연습할 수 있게 해 준다.

### Chapter 3. Summary & Feedback 1

내용을 읽고 그에 대한 내용을 요약한다. 그리고 자신의 이야기에 적용하여 말을 한다.

### Chapter 4. Summary & Feedback 2

더 긴 이야기를 읽고 내용을 요약 및 자신의 이야기에 적용한다.

### Chapter 5. Summary & Feedback 3

매우 긴 이야기이며 읽고 내용 요약 및 자신의 이야기에 적용한다.

### Chapter 6. Simple Questions

앞에서 배운 평서문을 질문으로 바꾸는 법을 알려 주며 그를 연습한다.

### Chapter 7. Practise Questions

의문사가 붙는 질문을 연습한다.

### Chapter 8. Simple Dialogues

질문을 공부했으니 이제 대화를 연습한다. 파트너와 서로 읽고, 함께 대화를 해 본다. 이때 중요한 것은 책 속에 있는 단어나 표현법을 대화에 쓰도록 노력한다.

### Chapter 9. A Long Dialogue

한 개의 주제가 있는 긴 대화문을 파트너와 나누어 읽고 이에 대해 대화를 긴 시간 동안 나눈다. 처음에는 대화법을 몰라 많이 어색할 수 있으나 시간이 흐르면서 대화가 익숙해진다.

### Chapter 10. Free Debate

각 주제별로 스토리가 구성되어 있으며 문제 제기에 대한 해결책은 제안하지 않고 있으므로 화자가 파트너와 대화하면서 생각하고 의견을 나누며 찾아야 한다. 혹시 대화할 때 어떻게 질문을 던져야 할지 모르는 사람들을 위해 몇 가지 질문을 저자가 미리 구성해 놓았다. 후에 대화가 익숙해지면 자신만의 질문을 던지는 것이 이 챕터의 목적이다.

# SUPPORTIVE CASUAL STEP 1에 대하여

'SUPPORTIVE CASUAL STEP 1'은 그야말로 'CASUAL STEP 1'의 보조 교재로서 연습을 중시하는 이 프로그램에 걸맞게 구성되었다. 이 책에는 더 많은 내용을 삽입하여 연습하는 이가 더 많은 표현법을 익힐 수 있도록 했다.

언어는 대개 만 17세에 거의 완성된다. 성인들은 17세의 언어로 죽을 때까지 먹고 산다. 나의 영어 실력을 20세 또는 40세까지 끌어올리겠다는 착각은 하지 마라. 그런 것은 없다. 혹, 자신의 실질 나이가 30세 또는 40세 이상이라 할지라도 두려워 말고 일단 시작해 보라. 영어 실력이 0살인 40대 한국인이 이 책으로 7살의 영어 실력으로 성장한다면, 다음 단계로 나아갈 수 있는 티켓을 얻은 것이다.

이 책은 다른 언어로도 번역하여 다른 나라 사람들에게도 제공할 수 있다. 저자는 대한민국 사람들이 영어를 좀 더 쉽고 빠른 방식으로 접근하여 2개국어가 가능한 사람으로 성장하기를 바란다.

# CONTENTS

## 1 Reading & Feedback

# 6 Simple Questions

# 7 Practise Questions

# 8 Simple Dialogues

# Chapter 1

# Reading & Feedback

읽고 자신의 이야기에 적용하기

# 1-1 Be동사 1

• is/am/are: -이다, -있다, -되다

1. I am a student.　　　　　　　　나는 학생이다.

2. I am an accountant.　　　　　나는 회계사다.
　　　어카운턴트

3. I am a businessman.　　　　　나는 사업가다.
　　　비즈니스맨

4. You are a dentist.　　　　　　당신은 치과의사다.

5. You are a tax accountant.　　당신은 세무사다.
　　　택쓰: 세금

6. You are a smart boy.　　　　　당신은 영리한 사람이다.

7. We are kind people.　　　　　우리는 친절한 사람이다.

8. We are gentlemen.　　　　　　우리는 부드러운 남자다.
　　　제늘먼

9. We are children.　　　　　　　우리는 어린이다.

10. They are bad people.　　　　그들은 나쁜 사람들이다.

11. They are doctors.　　　　　　그들은 박사다.

12. He is a good person.    그는 좋은 사람이다.

13. James is a stupid boy.    제임스는 멍청한 아이다.

14. My dad is a gentleman.    나의 아빠는 신사다.


15. She is a smart girl.    그녀는 영리한 아이다.

16. She is a good worker.    그녀는 좋은 직원이다.

17. Jane is a good speaker.    제인은 좋은 화자다.


18. I am a schoolteacher.    나는 교사다.

19. You are a businessman.    당신은 사업가다.

20. We are friends.    우리는 친구다.


21. They are cooks.    그들은 요리사다.

22. My parents are teachers.    나의 부모님은 교사다.

23. They are good teachers.    그들은 좋은 교사다.


**NOTE**

Child: 어린이 → Children: 어린이들

24. She is a cook.                    그녀는 요리사다.

25. He is a nurse.                    그는 간호사다.

26. That person is my dad.           저 사람이 나의 아빠다.


27. This is my girlfriend.           이쪽은 나의 여자 친구다.

28. That is my house.                저것이 나의 집이다.

29. Mr. Brad is a worker.            브래드 씨는 직장인이다.


30. He is a famous singer.           그는 유명한 가수다.
    삐이머스    씽걸

31. She is a baker.                  그녀는 제빵사다.

32. Ms. Lilly is Korean.             릴리 선생님은 한국인이다.


33. Mr. Jack is my friend.           잭 씨는 나의 친구다.

34. I am a head teacher.             나는 교장이다.

35. She is a good person.            그녀는 좋은 사람이다.


**NOTE**

cook: n. 요리사 v. 요리하다

# 1-2 Be동사 2

- is/am/are: 어떠한 상태를 나타낼 때 사용합니다.

1. I am happy.　　　　　　　　　　　나는 행복하다.

2. I am sleepy.　　　　　　　　　　　나는 졸리다.
　　슬리피

3. I am busy every day.　　　　　　　나는 매일 바쁘다.

4. You are bad.　　　　　　　　　　　너는 나빠.

5. You are sad.　　　　　　　　　　　너는 슬프구나.

6. You are crazy about games.　　　너는 게임에 빠졌구나.

7. We are hungry.　　　　　　　　　　우리는 배고프다.

8. We are very tired.　　　　　　　　우리는 매우 피곤하다.
　　타이얼드

9. We are lucky.　　　　　　　　　　우리는 운이 좋아.

10. They are angry.　　　　　　　　그들은 화가 나 있다.

11. They are pleased.　　　　　　　그들은 기쁘다.
　　플레즈트

12. He is very excited.
익싸이릿

그는 매우 신난다.

13. My brother is kind.

나의 형은 착하다.

14. My husband is handsome.

나의 남편은 잘생겼다.

15. She is beautiful.

그녀는 아름답다.

16. She is pretty.

그녀는 예쁘다.

17. Jane is cute.

제인은 귀엽다.

18. I am tired all the time.

나는 항상 피곤하다.

19. I am very busy all the time.

나는 항상 매우 바빠.

20. You are pleased.

당신은 기쁘다.

21. Those boys are nice.
도즈

저 아이들은 친절하다.

22. We are upset.
업쎗

우리는 속상하다.

23. These students are good.
디즈

이 학생들은 착하다.

**NOTE**

This: 이것 → These: 이것들 / That: 저것 → Those: 저것들

24. Lilly is quiet all the time.
콰이어트

릴리는 항상 조용하다.

25. She is lazy.

그녀는 게으르다.

26. James is diligent.
딜리전트

제임스는 부지런하다.

27. This is mine.

이것은 나의 것이다.

28. That is yours.

그것은 너의 것이다.

29. It is hers.

그녀의 것이다.

30. It is cold outside.

밖은 춥다.

31. It is mine.

나의 것이다.

32. It is rainy outside.

밖에 비가 온다.

33. It is hot now.

지금 덥다.

34. It is snowy outside.

밖에 눈이 온다.

35. It is his one.

그의 것이다.

# 1-3 Can: -수 있다

- Can + 동사는 원형 그대로 사용합니다.

1. I can cook well.

2. I can eat fast.


3. You can run fast.

4. You can speak English very well.


5. We can go there now.

6. We can see you now.


7. They can study very well.

8. They can sing very well.


9. My mother can cook delicious food.

10. My father can wake up early in the morning.

1. 나는 요리를 잘할 수 있다.
2. 나는 빨리 먹을 수 있다.


3. 당신은 빨리 달릴 수 있다.
4. 당신은 영어를 매우 잘한다.


5. 우리는 지금 거기에 갈 수 있다.
6. 우리는 지금 당신을 볼 수 있다.


7. 그들은 공부를 매우 잘한다.
8. 그들은 노래를 매우 잘한다.


9. 나의 엄마는 맛있는 음식을 요리할 수 있다.
10. 나의 아빠는 아침에 일찍 일어날 수 있다.

## 1-4 like + 동사ing: -하는 것을 좋아하다

1. I like eating junk food.

2. I like travelling.

3. I like sleeping.


4. You like walking everywhere.

5. You like playing sports.

6. You like laughing loudly.
   래삥


7. They like walking fast.

8. They like cooking.

9. They like running.


10. We like running very much.

11. We like playing tennis.

1. 나는 정크 푸드 먹는 것을 좋아한다.

2. 나는 돌아다니는 것을 좋아한다.

3. 나는 자는 것을 좋아한다.


4. 당신은 아무 데나 걷는 것을 좋아한다.

5. 당신은 스포츠 하는 것을 좋아한다.

6. 당신은 크게 웃는 것을 좋아한다.


7. 그들은 빨리 걷는 것을 좋아한다.

8. 그들은 요리하는 것을 좋아한다.

9. 그들은 달리는 것을 좋아한다.


10. 우리는 달리는 것을 매우 많이 좋아한다.

11. 우리는 테니스를 치는 것을 좋아한다.

# 1-5 인칭 표현

- I는 1인칭, You는 2인칭 그 외 모든 것은 3인칭을 나타냅니다.
  (단수: 한 개 - 예: She, He, Jane, A person, The apple)
- 3인칭 단수 주어: 동사에 's'를 붙여 줍니다.

1. She likes listening to music.

2. She likes running and swimming.

3. She likes exercising.
   엑썰싸이징

4. Jane likes talking very much.

5. Jane likes eating junk food.

6. Jane likes cooking for us.

7. My mom likes singing many songs.

8. My dad likes reading paper.

9. My sister likes speaking English.

10. Brad likes speaking Chinese.

11. Lilly likes talking with many people.

1. 그녀는 음악 듣는 것을 좋아한다.

2. 그녀는 달리기와 수영을 좋아한다.

3. 그녀는 운동하는 것을 좋아한다.


4. 제인은 이야기하는 것을 매우 좋아한다.

5. 제인은 정크 푸드 먹는 것을 좋아한다.

6. 제인은 우리를 위해 요리하는 것을 좋아한다.


7. 나의 엄마는 많은 노래를 부르는 것을 좋아한다.

8. 나의 아빠는 신문을 읽는 것을 좋아한다.

9. 나의 누나는 영어 말하는 것을 좋아한다.


10. 브래드는 중국어 말하는 것을 좋아한다.

11. 릴리는 많은 사람들과 이야기하는 것을 좋아한다.

# 1-6 Have: 가지고 있는 모든 것

1. I have a dog.

2. I have two sisters.

3. I have a schoolbag.


4. You have a good smartphone.

5. You have a pet.

6. You have a nice car.


7. They have a big house.

8. They have many books.

9. They have a nice family.


10. We have two choices.

11. We have three options.

1. 나는 강아지를 가지고 있다.

2. 나는 누나가 두 명 있다.

3. 나는 학교 가방이 있다.


4. 당신은 좋은 스마트폰이 있다.

5. 당신은 애완동물 한 마리가 있다.

6. 당신은 좋은 차가 있다.


7. 그들은 큰 집을 가지고 있다.

8. 그들은 많은 책을 가지고 있다.

9. 그들은 좋은 가족이 있다.


10. 우리는 두 가지 선택권이 있다.

11. 우리는 세 가지 선택권이 있다.

# 1-7 3인칭 단수: has

- 3인칭 단수 예시: She, He, Jane, John

1. Jane has a brother.

2. Jane has lots of homework.
    라츠 옵

3. Jane has a laptop.

4. John has an ugly pet.

5. John has three sisters.

6. John has a beautiful house.

7. She has good ideas.

8. He has curly hair.
    컬리

9. My girlfriend has brown eyes.

10. She has a gentle husband.

11. My older brother has an old laptop.

1. 제인은 남동생이 있다.

2. 제인은 많은 숙제가 있다.

3. 제인은 노트북이 있다.


4. 존은 못난 애완동물을 가지고 있다.

5. 존은 누나가 세 명 있다.

6. 존은 아름다운 집을 가지고 있다.


7. 그녀는 좋은 생각을 가지고 있다.

8. 그는 곱슬머리를 가지고 있다.

9. 나의 여자 친구는 갈색 눈을 가지고 있다.


10. 그녀는 온화한 남편을 가지고 있다.

11. 나의 형은 낡은 노트북을 가지고 있다.

# 1-8 각종 동사 배우기

- go: 가다, eat: 먹다, sleep: 자다, study: 공부하다, work: 일하다,
  walk: 걷다, make: 만들다, travel: 여행하다

1. I go to school every day.

2. I eat breakfast every day.

3. I sleep for seven hours a day.


4. You study three subjects in school.

5. You often play dodge ball at school.

6. You talk with your friends.


7. They often have a talk together.

8. They walk to school.

9. They work hard.


10. My parents often travel to Busan.

11. My workers make me happy.

1. 나는 매일 학교에 간다.

2. 나는 매일 아침을 먹는다.

3. 나는 하루에 잠을 7시간 잔다.


4. 너는 학교에서 3가지 과목을 공부한다.

5. 너는 학교에서 자주 피구를 한다.

6. 너는 너의 친구들과 이야기를 한다.


7. 그들은 함께 대화를 자주 한다.

8. 그들은 학교에 걸어간다.

9. 그들은 일을 열심히 한다.


10. 나의 부모님은 부산 여행을 자주 간다.

11. 나의 직원들은 나를 기쁘게 한다.

# 1-9 3인칭 단수 + s

- goes: 가다, eats: 먹다, sleeps: 자다, studies: 공부하다, cooks: 요리하다, talks: 대화하다, rides: 타다, shops: 쇼핑하다

1. She goes to bed at midnight.

2. She sleeps for four hours a day.

3. She eats lunch at noon.


4. He usually talks with his parents.

5. He rides a bike to school.

6. He walks to school alone.


7. David plays baseball on weekends.

8. Ms. Kim cooks for me.

9. Mr. B studies speaking English every Friday.


10. Mrs. Anna shops many things.

11. Wendy goes snowboarding every winter.

1. 그녀는 자정에 잠자러 간다.

2. 그녀는 하루에 4시간 잔다.

3. 그녀는 정오에 점심을 먹는다.


4. 그는 주로 그의 부모님과 이야기를 한다.

5. 그는 학교에 자전거를 타고 간다.

6. 그는 학교에 혼자 걸어간다.


7. 데이빗은 주말에 야구를 한다.

8. 미스 김은 나를 위해 요리를 한다.

9. 미스터 비는 금요일마다 영어 말하는 것을 공부한다.


10. 애나 여사는 많은 것들을 산다.

11. 웬디는 겨울마다 스노보드를 타러 간다.

**My busy daily life**

I am David. I have a business. I am busy every day. I wake up at 7 o'clock in the morning. I wash my face and have breakfast. I eat simple food for breakfast.

I go to work by car. I get to work at 8:30. My workers get to work at the same time. We start working at the same time. My business makes me crazy all the time because I have a lot of work. I have lunch at noon. I have a break for an hour but it is short. I come back to the office and start working.

My work goes on till night. I get stressed and tired. My work ends at 8 or 9:30 at night. I don't have time to enjoy my hobby. I want to have fun but it is hard for me to have it now.

## 나의 바쁜 일상

　나는 데이비드다. 나는 일이 있다. 나는 매일 바쁘다. 나는 아침에 7시에 일어난다. 나는 세수를 하고 아침밥을 먹는다. 나는 아침으로 간단한 음식을 먹는다.

　나는 차로 출근한다. 나는 8시 30분에 회사에 도착한다. 나의 직원들은 같은 시간에 회사에 도착한다. 우리는 일을 같은 시간에 시작한다. 나는 많은 일이 있기 때문에 나의 일은 항상 나를 미치게 한다. 나는 정오에 점심을 먹는다. 나는 1시간 동안 쉬는데 이것은 짧다. 나는 사무실로 돌아와 일하는 것을 시작한다.

　나의 일은 밤까지 계속된다. 나는 스트레스를 받고 피곤하다. 나의 일은 밤 8시 또는 9시 30분에 끝난다. 나는 나의 취미를 즐길 시간이 없다. 나는 재미있게 생활하고 싶지만 그것은 어렵다.

# 1-11 연습하기 2: 요약하기

## How to Make a summary

He is David. He is a businessman. He is always busy. He also wakes up early in the morning. He does a few things in the morning.

His workers and he gets to work at 8:30. They begin to work at the same time. He gets stressed because he has lots of work. He also has lunchtime but it is short. He comes back to start working after lunch.

His work goes on till night. He gets very tired. He doesn't have time to enjoy his hobby, because his work ends at 8 or 9:30 at night. He really wants to have fun all the time.

**NOTE**

위 내용의 주인공이 남자라고 생각하면 'He', 여자라고 생각하면 'She'로 씁니다.
요약하는 법: 중요한 부분을 중심으로 전반적인 이야기를 줄여서 말해 봅시다.

그는 데이비드다. 그는 사업가다. 그는 항상 바쁘다. 그는 또한 아침에 일찍 일어난다. 그는 아침에 몇 가지 일을 한다.

그의 직원들과 그는 8시 30분에 출근을 한다. 그들은 같은 시간에 일을 시작한다. 그는 많은 일이 있기 때문에 그는 스트레스를 받는다. 또한 그는 점심시간이 있지만 짧다. 그는 점심 식사 후에 일을 시작하기 위해 돌아온다.

그의 일은 밤까지 계속된다. 그는 매우 힘들다. 그의 일은 밤 8시 또는 9시 30분에 끝나기 때문에 그는 그의 취미를 즐길 시간이 없다. 그는 정말로 항상 놀고 싶다.

## Make your story

Make your story based on the story above.
이제 자신의 이야기를 해봅시다.

# Chapter 2

# Reading

# 2-1 Have to: −해야 한다(일반적, 의무)

- 3인칭 단수: has to

1. I have to see a dentist.

2. I have to get to work by 9 o'clock.

3. I have to have breakfast every day.


4. You have to take your documents.

5. You have to focus on working.

6. You have to enjoy your life.


7. She has to take a shower every day.

8. Jane has to talk in English at *The E.Y.E.*

9. We have to say hello before talking.

1. 나는 치과에 가야 한다.

2. 나는 9시까지 출근해야 한다.

3. 나는 매일 아침을 먹어야 한다.


4. 너는 너의 서류를 가지고 가야 한다.

5. 너는 일하는 데 집중해야 한다.

6. 너는 너의 삶을 즐겨야 한다.


7. 그녀는 매일 샤워를 해야 한다.

8. 제인은 *The E.Y.E*에서 영어로 이야기해야 한다.

9. 우리는 이야기하기 전에 인사를 해야 한다.

10. He has to go for a walk after lunch.

11. Brad has to be careful all the time.

12. She has to teach 30 students every day.


13. Mr. B has to work hard.

14. Lilly has to get to work by 8.

15. She has to wash the dishes.


16. Sarah has to meet me up.

17. He has to meet me up tonight.

18. She has to study for three hours a day.


19. Jane has to read a book a day.

20. Jackson has to finish his homework every day.

21. My teacher has to teach me every day.


**NOTE**
Meet up: 약속한 상태에서 만날 때

10. 그는 점심 식사 후에 산책을 가야 한다.

11. 브래드는 항상 조심해야 한다.

12. 그녀는 매일 30명의 학생들을 가르쳐야 한다.


13. 미스터 B는 열심히 일해야 한다.

14. 릴리는 8시까지 출근해야 한다.

15. 그녀는 그 접시들을 닦아야 한다.


16. 쌔라는 나를 만나야 한다.

17. 그는 오늘 밤에 나를 만나야 한다.

18. 그녀는 하루에 세 시간 동안 공부해야 한다.


19. 제인은 하루에 책 한 권을 읽어야 한다.

20. 잭슨은 매일 그의 숙제를 끝내야 한다.

21. 나의 선생님은 매일 나를 가르쳐야 한다.

# 2-2 don't have to: -하지 않아도 된다

• 3인칭 단수 표현: does not have to(줄임: doesn't have to)

1. I don't have to see a doctor right now.

2. I don't have to go to school on weekends.

3. I don't have to get to work early today.


4. You don't have to watch out here.

5. You don't have to work hard from today.

6. You don't have to read many books.


7. We don't have to finish all things now.

8. We don't have to go to bed tonight.

9. We don't have to have dinner every day.


10. She doesn't have to finish everything now.

11. David doesn't have to pay for it.

1. 나는 지금 당장 병원에 가지 않아도 된다.

2. 나는 주말에 학교에 가지 않아도 된다.

3. 나는 오늘 일찍 회사에 도착하지 않아도 된다.


4. 너는 여기에서 조심하지 않아도 된다.

5. 너는 오늘부터 열심히 일하지 않아도 된다.

6. 너는 많은 책을 읽지 않아도 된다.


7. 우리는 지금 모든 것을 끝내지 않아도 된다.

8. 우리는 오늘 밤 잠자러 가지 않아도 된다.

9. 우리는 매일 저녁 식사를 갖지 않아도 된다.


10. 그녀는 지금 모든 것을 끝내지 않아도 된다.

11. 데이비드는 그것을 위해 지불하지 않아도 된다.

# 2-3 should: -해야 한다(충고)

1. I should study hard.
   슈드

2. I should see a doctor.

3. I should take a bus to go to school.

4. You should take a rest once a month.

5. You should read easy books.

6. You should work hard every day.

7. We should have breakfast every day.

8. We should go to school.

9. People should be quiet everywhere.

10. They should see me today.

11. Schoolteachers should try hard every day.

1. 나는 공부를 열심히 해야 한다.

2. 나는 병원에 가야 한다.

3. 나는 학교에 가기 위해 버스를 타야 한다.

4. 너는 한 달에 한 번 쉬어야 한다.

5. 너는 쉬운 책을 읽어야 한다.

6. 너는 매일 열심히 일해야 한다.

7. 우리는 매일 아침 식사를 해야 한다.

8. 우리는 학교에 다녀야 한다.

9. 사람들은 모든 곳에서 조용히 해야 한다.

10. 그들은 오늘 나를 보아야 한다.

11. 교사들은 매일 열심히 노력해야 한다.

# 2-4 should not: -해서는 안 된다

- 축약형: shouldn't

1. I should not play games for a long time.

2. You shouldn't see that movie.

3. We shouldn't make noise during the class.


4. Jane shouldn't be lazy.

5. James shouldn't often drink coffee.

6. Anne shouldn't go to work late in the morning.


7. David shouldn't sleep for many hours a day.

8. I shouldn't go to bed late at night.

9. You shouldn't drink alcohol every day.

1. 나는 오랫동안 게임을 해서는 안 된다.

2. 너는 저 영화를 봐서는 안 돼.

3. 우리는 수업 중에 떠들어서는 안 돼.


4. 제인은 게을러서는 안 돼.

5. 제임스는 커피를 자주 마셔서는 안 돼.

6. 앤은 아침에 늦게 출근해서는 안 돼.


7. 데이빗은 하루에 많은 시간 동안 잠을 자서는 안 돼.

8. 나는 밤에 늦게 잠자서는 안 돼.

9. 너는 매일 술을 마셔서는 안 돼.

## 2-5 want to + 동사: -하고 싶다(=hope to)

• 3인칭 단수 wants to + 동사(=hopes to + 동사)

1. I want to go to see a movie.

2. I want to play soccer all the time.

3. You want to go to bed late at night.


4. My mom wants to have fun.

5. She wants to study speaking English.

6. My sister wants to go to an English school.


7. They want to have a basketball game.

8. Brad and Brenda want to stop studying.

9. We want to read that easy book.


10. I want to skip my class.
스킵

11. We want to sing exciting songs.

1. 나는 영화를 보러 가고 싶다.

2. 나는 항상 축구를 하고 싶다.

3. 너는 밤에 늦게 자고 싶다.


4. 나의 엄마는 재미있고 싶다.

5. 그녀는 영어 말하기를 공부하고 싶어 한다.

6. 나의 누나는 영어학원에 다니고 싶어 한다.


7. 그들은 농구 시합을 하고 싶어 한다.

8. 브래드와 브렌다는 공부를 그만하고 싶다.

9. 우리는 저 쉬운 책을 읽고 싶다.


10. 나는 나의 수업을 건너뛰고 싶다.


11. 우리는 신나는 노래를 부르고 싶다.

# Chapter 3

# Summary & Feedback 1

요약하고 자신의 이야기에 적용하기 1

## 3-1 이야기 1

I am an active person. I like doing many things. I am busy almost every day. I want to be free, but I have to work hard. I am sad about my tight daily life. I usually play golf and tennis. They make me happy. I go to see a movie on weekends. I love watching action movies. I enjoy many active things but most of my friends are passive.

나는 적극적인 사람이다. 나는 많은 것을 하는 것을 좋아한다. 나는 거의 매일 바쁘다. 나는 한가해지고 싶지만 나는 열심히 일을 해야 한다. 나는 나의 빡빡한 일상이 아쉽다. 나는 주로 골프와 테니스를 친다. 그것들은 나를 행복하게 한다. 나는 주말에 영화를 보러 간다. 나는 액션 영화 보는 것을 좋아한다. 나는 많은 활동적인 것들을 즐기지만 나의 친구들 대부분은 소극적이다.

## Make short

Make short into two or three sentences.
2개 또는 3개 문장으로 줄여 봅시다.

She is active and she is busy doing many things. Her daily life is tight but she can have fun. She enjoys playing some sports and watching movies on weekends.

그녀는 활동적이고 많은 것들을 하는 데 바쁘다. 그녀의 일상은 빠듯하지만 그녀는 놀 수 있다. 그녀는 어떤 스포츠를 하는 것을 즐기고 주말에 영화를 보는 것을 즐긴다.

## Make your story

Make your story based on the story above.
이제 자신의 이야기를 해 봅시다.

# 3-2 이야기 2

I am a student in an English school, *The E.Y.E.* I study speaking English every day. I have three teachers. They are really good at speaking English. They teach me how to talk in
··· 하는 법
English. I am happy when I talk in English. I want to be a good speaker. I am very pleased because I am getting better and better.

나는 한 영어 학원, *The E.Y.E.* 의 학생이다. 나는 매일 영어 말하는 것을 공부한다. 나는 3명의 선생님이 있다. 그들은 영어를 말하는 데 정말로 능숙하다. 그들은 나에게 영어로 말하는 법을 가르친다. 나는 내가 영어로 대화를 할 때 기쁘다. 나는 훌륭한 화자가 되고 싶다. 나는 점점 더 나아지고 있기 때문에 나는 매우 기쁘다.

## Make short

Make short into two or three sentences.
2개 또는 3개 문장으로 줄여 봅시다.

He goes to an English school, *The E.Y.E.* He studies how to speak English every day with his three teachers. He thinks his English teachers are good speakers. He is very pleased every day because he can talk in English.

그는 영어 학원, *The E.Y.E*에 다닌다. 그는 그의 세 명의 선생들과 매일 영어 말하는 법을 공부한다. 그는 그의 영어 선생들이 훌륭한 화자라고 생각한다. 그는 영어로 대화를 할 수 있기 때문에 그는 매일 매우 기쁘다.

## Make your story

Make your story based on the story above.
이제 자신의 이야기를 해 봅시다.

I have a good laptop. It is thin and useful. I work with my laptop all the time. When I make documents, I always use my laptop. I can carry it out everywhere. It is not heavy. Many people use a small computer everywhere. I can work everything everywhere. I am anyway happy to have a small computer, laptop.

나는 좋은 노트북이 있다. 얇고 유용하다. 나는 항상 나의 노트북으로 일을 본다. 내가 서류를 만들 때, 나는 항상 나의 노트북을 이용한다. 나는 그것을 아무 데나 가지고 다닐 수 있다. 무겁지 않다. 많은 사람들은 어디서든 작은 컴퓨터를 사용한다. 나는 어디에서나 모든 일을 할 수 있다. 나는 어쨌든 작은 컴퓨터인 노트북을 가지고 있어서 행복하다.

Make short into two or three sentences.
2개 또는 3개 문장으로 줄여 봅시다.

He has a good laptop. He always works with his laptop everywhere. He uses his laptop to make documents. He is happy to have a thin and useful laptop.

그는 좋은 노트북을 가지고 있다. 그는 어디에서나 항상 그의 노트북을 쓴다. 그는 서류를 만들기 위해 그의 노트북을 쓴다. 그는 얇고 유용한 노트북을 가지고 있어 행복하다.

## Make your story

Make your story based on the story above.
이제 자신의 이야기를 해 봅시다.

# Chapter 4

# Summary & Feedback 2

요약하고 자신의 이야기에 적용하기 2

# 4-1 Smartphones

Many people use a smartphone now. Each person has a smartphone. Some people are really crazy about their smartphone. We can easily see everything on smartphones.

Smartphones have two faces, good and bad points. People are really addicted to smartphones. When they walk on the
어딕티드
street, they watch only their smartphone. It can be really dangerous. People also play games with their smartphone very often. Some people use their smartphone in the dark. It can be bad for their eyes.

However, smartphones make humans happy and convenient.
컨뷔니언트
Humans can easily do many things with smartphones. We can pay for things without credit cards. We can also share our
위다웃: 없이                                        셰얼: 나누다
stories with other people.

많은 사람들이 현재 스마트폰을 쓴다. 각 사람은 스마트폰이 있다. 어떤 사람들은 그들의 스마트폰에 정말로 빠져 있다. 우리는 스마트폰에서 모든 것을 쉽게 볼 수 있다.

스마트폰은 좋은 점과 나쁜 점의 두 가지 얼굴이 있다. 사람들은 스마트폰에 정말로 중독되어 있다. 그들이 길을 걸을 때, 그들은 그들의 스마트폰을 쳐다본다. 이것은 정말로 위험해질 수 있다. 또한 사람들은 그들의 스마트폰으로 게임을 매우 자주 한다. 어떠한 사람들은 어둠 속에서 그들의 스마트폰을 사용한다. 이것은 그들의 눈에 나쁠 수 있다.

그래도, 스마트폰은 인간을 행복하고 편하게 만든다. 인간은 많은 것을 스마트폰으로 쉽게 할 수 있다. 우리는 신용카드 없이도 물건을 위해 돈을 지불할 수 있다. 우리는 또한 다른 사람들과 우리의 이야기를 공유할 수 있다.

Many people use smartphones nowadays. Each person has a smartphone. Some people are addicted to smartphones. There are two ways when we use smartphones. People can be good or bad when they use smartphones. For example, people can be dangerous when they see the screen of it while they walk.

**와일: 동안에**

Smartphones can make our eyes bad as well.

However, smartphones have good points. They make humans happy and convenient. Humans can easily do a lot of things with them. Therefore, this writer thinks smartphones have two different faces.

많은 사람들이 요즘에 스마트폰을 쓴다. 각자 스마트폰이 하나씩 있다. 어떤 사람들은 스마트폰에 중독되어 있다. 우리가 스마트폰을 사용할 때 두 가지 방법이 있다. 사람들은 그들이 스마트폰을 사용할 때 좋거나 나쁠 수 있다. 예를 들어, 사람들이 걷는 동안에 그것의 화면을 보면 위험해질 수 있다. 스마트폰은 또한 우리의 눈을 나쁘게 만들 수 있다.

그래도, 스마트폰은 좋은 점을 가지고 있다. 그것은 인간을 행복하고 편하게 만들어 준다. 인간은 쉽게 그것들로 많은 것을 쉽게 할 수 있다. 그러므로 이 글쓴이는 스마트폰이 두 개의 다른 얼굴을 가지고 있다고 생각한다.

## Make your story

Make your story based on the story above.
이제 자신의 이야기를 해 봅시다.

# 4-2 Reading

I like reading books. I read a book a week. Many people do not like reading books now, but I am still crazy about reading. There are many kinds of interesting books. I often go to the bookstore for fun.

When I go to the bookstore, there are not many people. I can see parents and students. They want to buy textbooks. Many people are interested in English. They want to buy an English book. They want to study speaking or listening.

I think reading makes humans smart. When we read many books, we become rich with common knowledge. I feel very good when I read books. Therefore, we should read books.

나는 책 읽는 것을 좋아한다. 나는 일주일에 책 한 권을 읽는다. 많은 사람들이 현재 책을 읽지 않지만 나는 아직 독서에 빠져 있다. 많은 종류의 흥미로운 책들이 있다. 나는 재미로 종종 서점에 간다.

내가 서점에 갈 때, 사람들이 많이 없다. 나는 학부모들과 학생들을 볼 수 있다. 그들은 참고서 사기를 원한다. 많은 사람은 영어에 관심이 있다. 그들은 영어책을 사고 싶어 한다. 그들은 말하기나 듣기 공부를 하고 싶어 한다.

나는 독서가 인간을 영리하게 만든다고 생각한다. 우리가 많은 책을 읽을 때, 우리는 일반적인 지식이 풍부해진다. 나는 내가 책을 읽을 때 매우 기분이 좋다. 그러므로 우리는 책을 읽어야 한다.

She likes reading books. She reads four books a month. Many people don't read books nowadays, but she is still crazy about it. She often goes to the bookstore. It is her fun.

She doesn't see many people in the bookstore. She can see only parents and students. Many people are also crazy about English. They want to study speaking or listening.

She thinks reading makes humans smart. Therefore, she thinks humans should read books.

그녀는 책 읽는 것을 좋아한다. 그녀는 한 달에 네 권의 책을 읽는다. 많은 사람들이 요즈음 책을 읽지 않지만 그녀는 아직도 그것에 빠져 있다. 그녀는 종종 서점에 간다. 그것은 그녀의 재미다.

그녀는 서점에서 많은 사람을 보지 않는다. 그녀는 학부모나 학생들만 볼 수 있다. 많은 사람들이 영어에 빠져 있다. 그들은 말하기나 듣기를 공부하고 싶어 한다.

그녀는 독서가 인간을 영리하게 만든다고 생각한다. 그러므로 그녀는 인간이 책을 읽어야 한다고 생각한다.

## Make your story

Make your story based on the story above.
이제 자신의 이야기를 해 봅시다.

# 4-3 Friends

I have a few good friends. They are kind and gentle. I love

어 뿌: 몇 개의

them. They always make me happy. They are sometimes funny.

We have fun together all the time.

We are students. We go to different school. We can usually

meet up on weekends. Most of my friends enjoy playing

soccer. We are crazy about it. One of them is my best friend.

He is James. He is good at studying. He and I are very close. I

like talking with him about my daily life. He carefully listens to

me all the time.

We feel happy when we get together. I want to have the

same hobby with my close friends. I want to go on a hike with

them some day.

나는 몇 안 되는 좋은 친구들이 있다. 그들은 친절하고 온화하다. 나는 그들이 좋다. 그들은 항상 나를 기쁘게 한다. 그들은 가끔 웃기다. 우리는 항상 함께 재미있다.

우리는 학생이다. 우리는 다른 학교에 다닌다. 우리는 주로 주말에 만날 수 있다. 나의 친구들 대부분은 축구하는 것을 즐긴다. 우리는 그것에 빠졌다. 그들 중 한 명이 나와 제일 친한 친구다. 그는 제임스다. 그는 공부하는 데 능하다. 그와 나는 매우 친하다. 나는 나의 일상 삶에 대해 그와 대화하는 것을 좋아한다. 그는 항상 주의 깊게 나의 말을 들어준다.

우리는 우리가 함께 모일 때 기쁘다. 나는 나의 친구들과 같은 취미를 갖고 싶다. 나는 언젠가 그들과 하이킹을 가고 싶다.

> You should brief what story is above.
> 위의 이야기를 요약해 봅시다.

He has a few good friends and they are kind and gentle. He loves them because they make him happy and funny.

They are students. They don't have time to meet up on weekdays. They usually meet up on weekends and play soccer together. His best friend is James. He likes talking with his best friend, James. He talks with James about his daily life.

He feels good when he has fun with his friends. He wants to do a few exciting things with his friends.

그는 몇 명의 좋은 친구들이 있고 그들은 친절하고 온화하다. 그는 그들이 그를 행복하고 재미있게 만들기 때문에 그들을 매우 좋아한다.

그들은 학생이다. 그들은 평일에 만날 시간이 없다. 그들은 주로 주말에 만나서 함께 축구를 한다. 그와 제일 친한 친구는 제임스다. 그는 그와 제일 친한 친구 제임스와 대화하는 것을 좋아한다. 그는 그의 일상생활에 대해 제임스와 이야기한다.

그는 그가 그의 친구들과 놀 때 기분이 좋다. 그는 그의 친구들과 몇 개의 재미있는 것을 하고 싶다.

## Make your story

Make your story based on the story above.
이제 자신의 이야기를 해 봅시다.

# Chapter 5

# Summary & Feedback 3

요약하고 자신의 이야기에 적용하기 3

# 5-1 Study 1: 서론

Many people think studying is for only students. All people have to study all the time. Young kids go to kindergarten. They study how to play. Elementary school students study a few subjects. They usually study basic things. Middle school students study more subjects. Those subjects are more difficult.

Students need to study some subjects. They take tests. They usually study hard. Most students want to make good scores. However, studying is very difficult and stressful. Most students do not want to study every day. They get stressed every day too. People want to be happy all the time.

많은 사람들이 공부하는 것이 학생들만을 위한 것이라고 생각한다. 모든 사람은 항상 공부를 해야 한다. 어린이들은 유치원에 간다. 그들은 노는 법을 공부한다. 초등학생들은 몇 가지 과목을 공부한다. 그들은 주로 기초적인 것들을 공부한다. 중학생들은 더 많은 과목을 공부한다. 그러한 과목들은 더 어렵다.

학생들은 몇 가지 과목을 공부할 필요가 있다. 그들은 시험을 본다. 그들은 주로 공부를 열심히 한다. 대부분의 학생은 좋은 점수 만들기를 원한다. 하지만 공부하는 것은 매우 어렵고 스트레스가 쌓인다. 대부분의 학생은 매일 공부하고 싶지 않아 한다. 그들도 매일 스트레스를 받는다. 사람들은 항상 행복해지고 싶어 한다.

Many people think only young people have to study, but everyone has to study. Young kids, elementary, and middle school students have to study.

Students need some subjects to study because they have tests. They usually study hard to get good scores. However, studying makes everyone stressed. Most students don't want to study. People want to be happy every day.

많은 사람들은 젊은이들만 공부를 해야 한다고 생각하지만, 모두가 공부를 해야 한다. 어린이, 초등학교와 중학교 학생들은 공부해야 한다.

학생들은 시험이 있기 때문에 공부하기 위한 어떤 과목들이 필요하다. 그들은 주로 좋은 점수를 받기 위해 열심히 공부한다. 그렇지만, 공부는 모두에게 스트레스를 준다. 대부분의 학생은 공부를 하고 싶지 않아 한다. 사람들은 매일 행복하고 싶어 한다.

# 5-2 Study 2: 본론

I am not a good student. I dislike studying, but I know I have to do it. I go to three schools. I study for many hours a day. I am stressed out every day. I have lots of homework. I do not know why I have to do my homework.

Many students are stressed out every day. I want to escape from my tight daily life. My parents do not think I have a stressful life. They think I should be busy all day. All of my friends go to schools. We cannot easily meet up. We meet up on weekends.

My daily life is bad because I have a tight schedule. I want to have a break. I want to be free during a break. It is not easy. When I rest, I feel good. I do something exciting for fun. I can escape from stress at that time.

나는 모범생이 아니다. 나는 공부하는 것을 싫어하지만, 나는 내가 그 것을 해야 한다는 것을 알고 있다. 나는 3개의 학원에 다닌다. 나는 하루에 많은 시간을 공부한다. 나는 매일 스트레스가 쌓인다. 나는 숙제가 많이 있다. 나는 내가 왜 나의 숙제를 해야 하는지 모르겠다.

많은 학생들이 매일 스트레스가 쌓인다. 나는 나의 빡빡한 일상에서 벗어나고 싶다. 나의 부모님은 내가 스트레스 쌓이는 삶을 산다고 생각하지 않는다. 그들은 내가 하루 종일 바빠야 한다고 생각한다. 나의 모든 친구들은 학원에 다닌다. 우리는 쉽게 만날 수 없다. 우리는 주말에 만난다.

나는 빡빡한 일정이 있기 때문에 나의 일상은 엉망이다. 나는 쉬고 싶다. 나는 쉴 동안에 자유롭고 싶다. 그것은 쉽지 않다. 내가 쉴 때, 나는 기분이 좋다. 나는 무언가 신나는 것을 재미로 한다. 나는 그 때 스트레스에서 벗어날 수 있다.

본론 요약하기.
위의 저자가 남학생이라 추정할 때: He

He is not a good student because he dislikes studying. He goes to three schools and study for many hours a day. He has much homework and gets stressed.

He thinks many students are stressed out day by day. He has a tight daily life. He feels sad because he cannot often meet up with his friends. His parents are also bad because they think he should be busy all day.

His daily life is not fine because his schedule is tight. He needs a break, but it is not easy. He wants to escape from stress.

그는 공부하는 것을 싫어하기 때문에 모범생이 아니다. 그는 세 개의 학원에 다니고 하루에 많은 시간 동안 공부를 한다. 그는 숙제가 많이 있고 스트레스를 받는다.

그는 많은 학생들이 나날이 스트레스가 쌓인다고 생각한다. 그는 빡빡한 일상을 가지고 있다. 그는 그의 친구들을 자주 만날 수 없기 때문에 서운하다. 그의 부모는 그가 하루 종일 바빠야 한다고 생각하기 때문에 그들 또한 나쁘다.

그의 일상은 그의 일정이 빡빡하기 때문에 좋지 않다. 그는 쉼이 필요하지만, 쉽지 않다. 그는 스트레스에서 벗어나고 싶다.

# 5-3 Study 3: 결론

Workers also have to try something new. If they do not study, they cannot get any chances. They need a good chance. Owners have to try hard. They have to study for their workers to make good things. Workers need a good place to work.

Parents should study for their children as well. They should study how to educate their children. They need to make their
에주케이트
kids right. Kids also need to study how to be nice to elders. People have to learn how to be nice to each other. Then, we can get a good relationship.
릴레이션쉽: 관계
Teachers should do their best day by day. They need to make students right. They also need to study because they should teach their students in a good way. Therefore, everyone needs to study every day because study is for your life.

## NOTE

as well: (긍정문에 대해) 또한
day by day: 나날이

직장인들 또한 새로운 무언가를 시도해야 한다. 만약 그들이 공부하지 않는다면, 그들은 어떤 기회도 얻을 수 없다. 그들은 좋은 기회가 필요하다. 소유주들은 열심히 노력해야 한다. 그들은 그들의 직원들에게 좋은 것을 만들어 주기 위해 공부해야 한다. 직장인들은 일하기 위한 좋은 곳이 필요하다.

부모들은 또한 그들의 자식들을 위해 공부해야 한다. 그들은 그들의 자식들을 교육시키기 위해 공부해야 한다. 그들은 그들의 자식들을 올바르게 만들 필요가 있다. 어린이들 또한 어른들에게 공손해지는 법을 공부할 필요가 있다. 사람들은 서로에게 공손해지는 법을 배워야 한다. 그러면, 우리는 좋은 관계를 얻을 수 있다.

교사들은 나날이 최선을 다해야 한다. 그들은 학생들을 올바르게 만들 필요가 있다. 그들은 좋은 방식으로 그들의 학생들을 가르쳐야하기 때문에 그들 또한 공부할 필요가 있다. 그러므로, 공부는 당신의 인생을 위한 것이기 때문에 모두가 매일 공부할 필요가 있다.

결론 요약하기.
마지막 결론까지 정확하게 집어내는 능력!

Workers have to try something new as well. They need good chances. Business owners also have to try hard. They need to study for their workers to make a good workplace.

Parents should study for their children to educate. They have to make their kids right. Kids should be nice to everyone.

Teachers should try to do their best each day. They should study to teach their students in a good way. Therefore, everybody has to study each day because study is for human life.

직장인들 또한 새로운 무언가를 시도해야 한다. 그들은 좋은 기회가 필요하다. 사업자들 또한 열심히 노력해야 한다. 그들은 그들의 직원들에게 좋은 직장을 만들어 주기 위해 공부할 필요가 있다.

부모들은 그들의 자식들을 교육시키기 위해 공부를 해야 한다. 그들은 그들의 자식들을 올바르게 만들어야 한다. 어린이는 모두에게 공손해야 한다.

교사들은 매일 최선을 다하려고 애써야 한다. 그들은 좋은 방식으로 그들의 학생들을 가르치기 위해 공부해야 한다. 그러므로, 공부는 인간의 삶을 위한 것이기 때문에 모두가 매일 공부해야 한다.

## Are you prepared?

Tell me what you think based on the story above.
위의 이야기에 대한 자신의 생각을 말하세요.

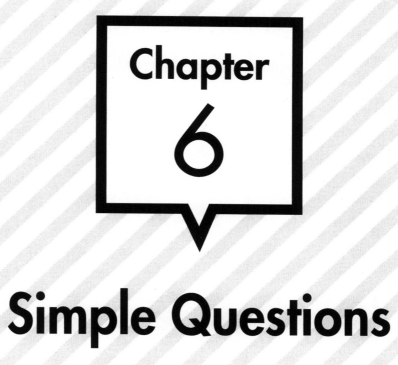

# Chapter 6

# Simple Questions

# 6-1 주어와 동사의 위치 바꾸기

• Switch subject and Verb to make a question. 동사와 주어의 위치를 바꾸세요.

You are a student.

➡ **Are you a student?**

1. You are a doctor. Are you a doctor?

2. You are a dentist. Are you a dentist?

3. You are a baby. Are you a baby?


4. You are a young kid. Are you a young kid?

5. You are Jane. Are you Jane?

6. You are Peter. Are you Peter?


7. You are sad. Are you sad?

8. You are hungry. Are you hungry?

9. You are good at studying. Are you good at studying?

1. 당신은 박사다. 당신은 박사인가?

2. 당신은 치과의사다. 당신은 치과의사인가?

3. 너는 아기다. 너는 아기니?


4. 너는 어린이다. 네가 어린이니?

5. 네가 제인이구나. 너는 제인이니?

6. 당신이 피터군요. 당신이 피터입니까?


7. 당신은 슬프군요. 당신은 슬픈가요?

8. 당신은 배고 고프군요. 당신은 배고픈가요?

9. 당신은 공부하는 데 능숙하군요. 당신은 공부하는 데 능숙한가요?

10. You are sleepy. Are you sleepy?

11. They are happy together. Are they happy together?

12. They are kind. Are they kind?


13. Your parents are nice. Are your parents nice?

14. Your friends are good. Are your friends good?

15. It is possible. Is it possible?


16. Jane is kind to you. Is Jane kind to you?

17. James is very sleepy. Is James very sleepy?

18. Your foods are delicious. Are your foods delicious?


19. They are very full. Are they very full?

20. Simson and Anna are angry. Are they angry?

21. Noah is happy each day. Is he happy each day?

10. 당신은 졸려요. 당신은 졸린 가요?

11. 그들은 함께 기뻐요. 그들은 함께 기쁜가요?

12. 그들은 친절하다. 그들이 친절한가?


13. 당신의 부모는 멋지다. 당신의 부모님은 멋진가?

14. 너의 친구들은 착해. 너의 친구들은 착하니?

15. 가능합니다. 가능한가요?


16. 제인은 당신에게 친절해요. 제인은 당신에게 친절한가요?

17. 제임스는 매우 졸려요. 제임스가 매우 졸려 하나요?

18. 당신의 음식이 맛있군요. 당신의 음식은 맛있나요?


19. 그들은 매우 배불러요. 그들은 매우 배부른가요?

20. 심슨과 애나는 화가 났어요. 그들은 화났나요?

21. 노아는 매일 행복해요. 그는 매일 행복한가요?

## 6-2 주어와 조동사의 위치 바꾸기

• Switch subject and auxiliary verb to make a question. 주어와 조동사의 위치를 바꾸세요.

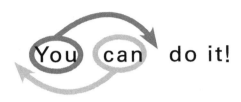

You can do it!

**➡ Can you do it?**

1. You can cook. Can you cook?

2. You can make many things. Can you make many things?

3. You can help me. Can you help me?

4. He can do many things. Can he do many things?

5. Jane can take me everywhere. Can Jane take me everywhere?

6. Noah can speak English. Can Noah speak English?

1. 너는 요리할 수 있다. 당신은 요리를 할 수 있는가?

2. 당신은 많은 것을 만들 수 있다. 당신은 많은 것을 만들 수 있는가?

3. 너는 나를 도울 수 있다. 너는 나를 도울 수 있는가?


4. 그는 많은 것을 할 수 있다. 그는 많은 것을 할 수 있는가?

5. 제인은 어디든지 나를 데리고 갈 수 있다. 제인은 어디든지 나를 데리고 갈 수 있는가?

6. 노아는 영어를 할 수 있다. 노아는 영어를 할 수 있나?

7. David can speak Korean and Chinese. Can David speak Korean and Chinese?

8. He can phone me now. Can he phone me now?

9. Wendy can go everywhere by herself. Can she go everywhere by herself?

10. Sarah can cook every Korean food. Can Sarah cook every Korean food?

11. Lily can play soccer. Can Lily play soccer?

12. She can succeed. Can she succeed?
썩씨드: 성공하다

13. My friends can have a talk in English. Can your friends have a talk in Chinese?

14. Woo-jin can finish it now. Can he finish it now?

15. He can wake up early in the morning. Can he wake up early in the morning?

7. 데이빗은 한국어와 중국어를 할 수 있다. 데이빗은 한국어와 중국어를 할 수 있는가?

8. 그는 지금 나에게 전화를 걸 수 있다. 그는 지금 나에게 전화를 걸 수 있는가?

9. 웬디는 알아서 어디든지 갈 수 있다. 그녀는 알아서 어디든지 갈 수 있는가?

10. 새라는 모든 한국 음식을 요리할 수 있다. 새라는 모든 한국 음식을 요리할 수 있는가?

11. 릴리는 축구할 수 있다. 릴리는 축구할 수 있는가?

12. 그녀는 성공할 수 있다. 그녀는 성공할 수 있을까?

13. 나의 친구들은 영어로 대화할 수 있다. 너의 친구들은 중국어로 대화할 수 있는가?

14. 우진이는 지금 그것을 끝낼 수 있다. 그는 지금 그것을 끝낼 수 있는가?

15. 그는 아침에 일찍 일어날 수 있다. 그녀는 아침에 일찍 일어날 수 있는가?

# 6-3 일반동사: Do 또는 Does

- 주어에 따라 Do나 Does로 받아 주세요.

**Do You like doing it!**

➡ **Do you like doing it?**

1. You like me. Do you like me?

2. You like reading books. Do you like reading books?

3. You like playing soccer. Do you like playing soccer?

4. You like studying math. Do you like studying math?

5. They like drinking coffee. Do they like drinking coffee?

6. Your parents like travelling. Do your parents like travelling?

1. 너는 나를 좋아한다. 너는 나를 좋아하니?

2. 너는 책을 읽는 것을 좋아해. 너는 책을 읽는 것을 좋아하니?

3. 너는 축구하는 것을 좋아한다. 너는 축구하는 것을 좋아하니?

4. 너는 수학을 공부하는 것을 좋아한다. 너는 수학을 공부하는 것을 좋아하니?

5. 그들은 커피 마시는 것을 좋아한다. 그들은 커피 마시는 것을 좋아하는가?

6. 너의 부모는 여행하는 것을 좋아한다. 너의 부모는 여행하는 것을 좋아하니?

7. Your teachers like teaching. Do your teachers like teaching?

8. People like having fun. Do people like having fun?

9. Your students like you. Do they like you?

10. My friends like talking. Do your friends like talking?

11. Many young students like junk food. Do many young kids like junk food?

12. Teachers like good students. Do teachers like good students?

13. Students like gentle teachers as well. Do students like gentle teachers as well?

14. Babies like interesting things. Do babies like interesting things?

7. 당신의 선생들은 가르치는 것을 좋아한다. 당신의 선생들은 가르치는 것을 좋아하는가?

8. 사람들은 재미있는 것을 좋아한다. 사람들은 재미있는 것을 좋아하는가?

9. 당신의 학생들은 당신을 좋아한다. 그들은 당신을 좋아하는가?

10. 나의 친구들은 대화하는 것을 좋아한다. 너의 친구들은 말하는 것을 좋아하니?

11. 많은 어린 학생들이 정크 푸드를 좋아한다. 많은 어린 아이들이 정크 푸드를 좋아하니?

12. 교사들은 착한 학생들을 좋아한다. 교사들은 착한 학생들을 좋아하니?

13. 학생들 또한 온화한 교사들을 좋아한다. 학생들도 온화한 교사들을 좋아하는가?

14. 아기들은 흥미로운 것들을 좋아해. 아기들은 흥미로운 것들을 좋아하는가?

# 6-4 평서문과 의문문

- 평서문은 3인칭 단수 동사에 s를 더하고 의문문은 Does로 받습니다. 3인칭 단수 동사 + s를 Do가 빼앗아 가서 Dose로 받습니다.

## 1) Does

➡ **Does she like doing it?**

1. Your family likes eating out. Does your family like eating out?

2. Your dad likes playing golf. Does your dad like playing golf?

3. Jane likes drinking coffee. Does Jane like drinking coffee?

4. Lily likes talking very much. Does Lily like talking very much?

1. 당신의 가족은 외식하는 것을 좋아한다. 당신의 가족은 외식하는 것을 좋아하는가?

2. 너의 아빠는 골프 치는 것을 좋아한다. 너의 아빠는 골프 치는 것을 좋아하니?

3. 제인은 커피 마시는 것을 좋아한다. 제인은 커피 마시는 것을 좋아하니?

4. 릴리는 이야기하는 것을 매우 많이 좋아한다. 릴리는 이야기하는 것을 매우 많이 좋아하는가?

5. Eric likes reading the book. Does Eric like reading the book?

6. He likes playing something exciting every Sunday. Does he like playing something exciting every Sunday?

7. Your family has a good chance. Does your family have a good chance?

8. He has two children. Does he have two children?

9. She has four close friends. Does she have four close friends?

10. Brian has a best friend. Does Brian have a best friend?

11. He has a 4−month baby. Does he have a 4−month baby?

12. Lilly has a laptop. Does she have a laptop?

5. 에릭은 그 책을 읽는 것을 좋아해. 에릭이 그 책을 읽는 것을 좋아하는 가?

6. 그는 매주 일요일에 무언가 흥미진진한 것을 하는 것을 좋아한다. 그는 매주 일요일에 무언가 흥미로운 것을 하는 것을 좋아하는가?

7. 당신의 가족은 좋은 기회가 있다. 당신의 가족은 좋은 기회가 있는 가?

8. 그는 2명의 자식이 있다. 그는 두 명의 자식이 있는가?

9. 그녀는 네 명의 친한 친구들이 있어. 그녀는 네 명의 친한 친구들이 있니?

10. 브라이언은 제일 친한 친구가 있지. 브라이언은 제일 친한 친구가 있니?

11. 그는 4개월 된 아기가 있다. 그는 4개월 된 아기가 있니?

12. 릴리는 노트북이 있다. 그녀는 노트북을 가지고 있는가?

## 2) Do

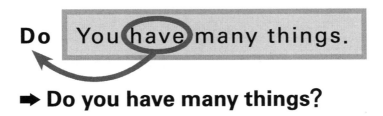

**➡ Do you have many things?**

1. You have a car. Do you have a car?

2. They have fun all the time. Do they have fun all the time?

3. Those people have much money. Do those people have much money?

4. Many people have a tight schedule. Do many people have a tight schedule?

5. I have a few friends. Do you have many friends?

6. We have enough money. Do we have enough money?

1. 당신은 차가 있다. 당신은 차가 있는가?

2. 그들은 항상 재미있게 논다. 그들은 항상 재미있게 노는가?

3. 저 사람들은 많은 돈을 가지고 있다. 저 사람들은 많은 돈을 가지고 있는가?

4. 많은 사람들이 빡빡한 일정을 가지고 있다. 많은 사람들이 빡빡한 일정을 가지고 있는가?

5. 나는 몇 명의 친구들이 있어. 너는 많은 친구들이 있니?

6. 우리는 충분한 돈이 있어. 우리는 충분한 돈이 있어?

## 3) Does & Do

1. She has a pet. Does she have a pet?

2. You go to school. Do you go to school?

3. You go to three schools. Do you go to many schools?

4. They play baseball every weekend. Do they play baseball every weekend?

5. She goes to an English school. Does she go to an English school?

6. Sarah has a lot of homework. Does Sarah have a lot of homework?

7. Jane eats lots of food all the time. Does Jane eat lots of food all the time?

8. Noah reads a book a day. Does Noah read a book a day?

9. He waters his plants every day. Does he water his plants every day?

1. 그녀는 애완동물을 가지고 있다. 그녀는 애완동물을 가지고 있는가?
2. 너는 학교에 다닌다. 너는 학교에 다니니?
3. 너는 3개의 학원에 다닌다. 너는 많은 학원에 다니니?

4. 그들은 매주 주말에 야구를 한다. 그들은 매주 주말에 야구를 하니?
5. 그녀는 영어학원에 다닌다. 그녀는 영어학원에 다니니?
6. 새라는 많은 숙제가 있다. 새라는 많은 숙제가 있는가?

7. 제인은 항상 많은 음식을 먹어 댄다. 제인은 항상 많은 음식을 먹어 대는가?
8. 노아는 책을 하루에 한 권 읽는다. 노아는 책을 하루에 한권 읽는가?
9. 그는 매일 그의 식물에게 물을 준다. 그는 그의 식물에게 매일 물을 주는가?

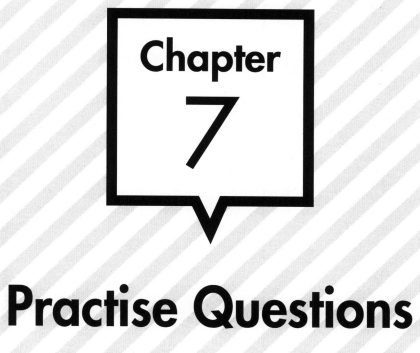

Chapter

7

Practise Questions

# 7-1 의문문+육하원칙

• 완성된 의문문에 What, When, Who, How, Why, Where을 앞세워 붙여 봅시다.

## 1) What

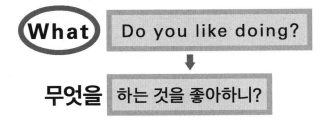

1. What is your favorite thing?

2. What are you good at?

3. What makes you happy?

4. What do you want to do now?

5. What do you do on weekends?

6. What do they like doing on weekends?

7. What do you think about it?

8. What do you do for fun?

9. What does she like?

10. What kind of food do you like?

11. What coffee do you want to drink?

1. 당신이 제일 좋아하는 것은 무엇인가요?

2. 너는 무엇에 능숙하니?

3. 무엇을 너를 기쁘게 하니?

4. 너는 지금 무엇을 하고 싶니?

5. 너는 주말에 무엇을 하니?

6. 그들은 주말에 뭐 하는 것을 좋아하니?

7. 너는 그것에 대해 어떻게 생각하니?

8. 너는 재미로 무엇을 하니?

9. 그녀는 무엇을 좋아하니?

10. 너는 어떤 종류의 음식을 좋아하니?

11. 너는 무슨 커피를 마시고 싶니?

## 2) When

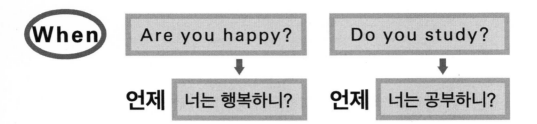

1. When are you sad?

2. When do you go shopping?

3. When do you have fun?

4. When do your parents give you free time?


5. When does he play soccer?

6. When does she cook?

7. When does your family go camping?

8. When does Jane talk with you?


9. When is your birthday?

10. When do you have a party?

11. When does she get to work?

1. 너는 언제 슬프니?

2. 너는 언제 쇼핑하러 가니?

3. 너는 언제 노니?

4. 너의 부모님은 언제 너에게 자유 시간을 주니?

5. 그는 언제 축구를 하니?

6. 그녀는 언제 요리를 하니?

7. 너의 가족은 언제 캠핑하러 가니?

8. 제인은 언제 너와 대화를 하니?

9. 너의 생일은 언제니?

10. 너는 언제 파티를 하니?

11. 그녀는 언제 출근하니?

## 3) Who

1. Who is that person?

2. Who are they?

3. Who is your best friend?

4. Who are those people?


5. Who do you like?

6. Who do you go to school with?

7. Who do you talk to?

8. Who is she?


9. Who can speak English here?

10. Who can help me?

11. Who do you talk about?

1. 저 사람은 누구니?

2. 그들은 누구야?

3. 너와 제일 친한 친구가 누구지?

4. 저 사람들은 누군가요?


5. 너는 누구를 좋아하니?

6. 너는 누구와 학교에 가니?

7. 너는 누구에게 이야기하니?

8. 그녀는 누구야?


9. 여기에서 누가 영어를 말할 수 있나요?

10. 누가 나를 도울 수 있나요?

11. 당신은 누구에 대해 이야기하나요?

## 4) How

1. How are you today?

2. How is your day?

3. How is she now?

4. How many things do you want to have?


5. How do you study speaking English?

6. How does she go to school?

7. How much are you happy?

8. How much is she sad?


9. How many hours a day do you sleep?

10. How many cups of coffee a day do you drink?

11. How much is she crazy about reading?

1. 너는 오늘 어때?

2. 너의 하루는 어떠니?

3. 그녀는 지금 어때?

4. 너는 얼마나 많은 것을 갖고 싶니?


5. 너는 어떻게 영어를 말하는 것을 공부하니?

6. 그녀는 어떻게 학교에 가니?

7. 너는 얼마나 많이 기쁘니?

8. 그녀는 얼마나 많이 슬프니?


9. 너는 하루에 몇 시간 동안 잠을 자니?

10. 너는 하루에 커피를 몇 잔 마시니?

11. 그녀는 얼마나 많이 독서에 빠져 있니?

## 5) Why

1. Why is she sad now?

2. Why are you busy every day?

3. Why do you study speaking English?

4. Why do you play all day?
하루 종일

5. Why does she stay here all day?

6. Why does your dad get angry often?

7. Why does he drink many cups of coffee?

8. Why does Jane take this class?

9. Why do you try this strange food?

10. Why do you get to school late?

11. Why do you hang out with the bad boy?
어울리다

1. 왜 그녀는 지금 슬퍼하니?

2. 왜 너는 매일 바쁘니?

3. 왜 너는 영어 말하는 것을 배우니?

4. 왜 너는 하루 종일 노니?


5. 왜 그녀는 하루 종일 여기에 있니?

6. 왜 너의 아빠는 자주 화를 내니?

7. 왜 그는 커피를 많이 마시니?

8. 왜 제인은 이 수업을 듣니?


9. 너는 왜 이 이상한 음식을 먹니?

10. 너는 왜 학교에 늦게 도착하니?

11. 너는 왜 그 나쁜 놈과 어울리니?

## 6) Where

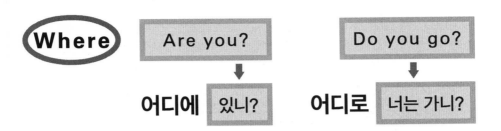

1. Where is she?

2. Where are your friends?

3. Where is my pencil case?

4. Where is your mom?

5. Where do you usually shop?

6. Where do you live?

7. Where do you get off?

8. Where do you want to sit?

9. Where does she play tennis game?

10. Where does he study?

11. Where does Jane come from?

**NOTE**

get on: 타다, get off: 내리다

1. 그녀는 어디에 있니?

2. 너의 친구들은 어디에 있니?

3. 내 필통이 어디에 있지?

4. 너의 엄마는 어디에 있니?

5. 너는 주로 어디에서 장을 보니?

6. 너는 어디에 사니?

7. 너는 어디에서 내리니?

8. 너는 어디에 앉고 싶니?

9. 그녀는 어디에서 테니스 시합을 하니?

10. 그는 어디에서 공부하니?

11. 제인은 어디에서 왔니?

# Chapter 8

# Simple Dialogues

### Role play and Have a talk!

# 8-1 Casual Conversation 1

- 파트너와 Role paly 후 대화하세요.

A: Nice to meet you. I am James. What is your name?

B: Nice to meet you too. I am Anna. How are you today?

A: I am good because the weather is very good. I want to go for a walk. Do you like sunny days?

B: Yes, I do. I want to go somewhere on sunny days. I enjoy coffee as well. What do you usually do for fun?

A: I go to see a movie for fun. I like drinking coffee as well. People also look happy on sunny days. Are you usually free?

B: No, I am not. I want to enjoy many things, but I don't have enough time. I am busy every day.

A: Oh, sad.

A: 만나서 반가워요. 저는 제임스입니다. 이름이 무엇입니까?

B: 저도 만나서 반가워요. 저는 애나라고 해요. 오늘 어떠세요?

A: 날씨가 매우 좋아서 저는 기분이 좋아요. 저는 산책을 가고 싶네요. 화창한 날을 좋아하세요?

B: 그럼요. 저는 화창한 날에 어디론가 가고 싶어요. 저는 또한 커피를 즐겨요. 재미를 위해 주로 무엇을 하세요?

A: 재미를 위해 저는 영화를 보러 가요. 저도 커피 마시는 것을 좋아해요. 사람들 또한 화창한 날에 행복해 보여요. 주로 한가하세요?

B: 아니요. 저는 많은 것들을 즐기고 싶지만, 충분한 시간이 없네요. 저는 매일 바빠요.

A: 안됐군요.

# 8-2 Casual Conversation 2

A: I am a student. I go to an English school. I study speaking English every day. Are you a student?

B: No, I am not. I am a businessman. I am very busy every day. I am unhappy. Why do you go to an English school?

A: I think English is necessary now. I need to speak English. I want to talk with many people in English. How many hours a day do you work?

B: I usually work for 12 hours a day. I get to work at 8 in the morning. I don't think I work for many hours a day. Many businessmen work for many hours a day.

A: Oh, no!

A: 저는 학생이에요. 저는 영어학원에 다녀요. 저는 매일 영어를 말하는 것을 공부하죠. 학생이신가요?

B: 아니요. 저는 사업가예요. 저는 매일 아주 바쁘죠. 기분이 좋지는 않아요. 왜 영어학원에 다니죠?

A: 저는 지금 영어가 필수적이라고 생각해요. 저는 영어를 말할 필요가 있어요. 저는 영어로 많은 사람들과 대화하고 싶어요. 하루에 몇 시간 일하세요?

B: 저는 주로 하루에 12시간 일해요. 저는 아침 8시에 출근해요. 저는 제가 하루에 많은 시간 동안 일한다고 생각하지 않아요. 많은 사업가들이 하루에 많은 시간 동안 일하죠.

A: 이럴 수가!

# 8-3 Casual Conversation 3

A: I am very unhappy because my life is very tough. I usually get sleep for many hours on weekends. How is your day?

B: My day is not bad. I meet up with many businessmen. They tell me about their business stories. I sometimes get stressed but I am usually fine. What about you?

A: I am fine as well. I also get stressed when I have a dirty work. I hang out with my friends after work. Do you?

B: Yes, I do. I hang out with my close friends. They make me happy. We usually have fun together. I get better when I have fun with them.

A: It is good.

A: 나의 인생이 매우 거칠기 때문에 나는 매우 언짢아. 나는 주로 주말에 많은 시간 동안 잠을 자. 너의 하루는 어떠니?

B: 나의 하루는 나쁘지 않아. 나는 많은 사업가들을 만나. 그들은 나에게 그들의 사업 이야기들에 대해 말해 주지. 나는 가끔 스트레스를 받지만 나는 주로 괜찮아. 너는 어떤데?

A: 나도 괜찮지. 나도 궂은일이 생길 때 스트레스를 받아. 나는 일이 끝나고 나의 친구들과 어울려. 너도 그러니?

B: 그럼. 나는 친한 친구들과 어울리지. 그들은 나를 행복하게 만들어. 우리는 주로 함께 놀아. 내가 그들과 놀 때 나는 나아지지.

A: 좋네.

# Chapter
# 9

# A Long Dialogue

Role play and Have a talk!

# 9-1 Favorite Things

• 대화 내용을 파트너와 Role Play한 후 대화하세요.

A: Each person has different favorite things. What favorite things do you have?

B: I love many things. I am active. I like to enjoy many things. I love trying many kinds of foods. I love cooking too. Do you try many kinds of foods?

A: Of course I do. I love Korean, Chinese, Japanese, Vietnamese, and Russian foods. They taste good. Do you like these things?

B: Yes, but not that much. I love junk food very much. I often try it. I don't want to get fat, but I am crazy about junk food. Do you like cooking? What foods can you make?

A: 각자 좋아하는 다른 것들이 있지. 어떤 마음에 드는 것들을 너는 가지고 있니?

B: 나는 많은 것을 좋아해. 나는 적극적이야. 나는 많은 것을 즐기는 것을 좋아해. 나는 많은 종류의 음식을 먹는 것을 좋아해. 나는 요리하는 것도 좋아해. 너는 많은 종류의 음식을 먹어 보니?

A: 당연하지. 나는 한국, 중국, 일본, 베트남과 러시아 음식들을 좋아해. 그것들은 맛있어. 너는 이런 것들을 좋아하니?

B: 응, 하지만 그리 좋아하지는 않아. 나는 정크 푸드가 너무 좋아. 나는 그것을 자주 먹지. 나는 뚱뚱해지고 싶지 않지만, 나는 정크 푸드에 빠져 있어. 요리하는 것을 좋아하니? 어떤 음식을 만들 수 있지?

A: I love cooking. When I cook something new, I feel happy. I can make almost every Korean food. I can also make Italian food. I watch a TV show when I cook. Do you like watching TV shows?

B: Of course, but I don't enjoy trashy TV shows. I love watching documentary programs about animals and nature.

A: Good. I think there are many trashy TV shows. I talk about my favorite TV show with my friends. I also enjoy drinking coffee each day. Do you?

B: I love coffee as well. Coffee makes me happy. When I get to work, I drink Americano at first. I enjoy bitter coffee. It tastes good and smells fantastic.

A: 나는 요리하는 것을 좋아해. 내가 무언가 새로운 것을 요리할 때, 나는 기분이 좋아. 나는 거의 모든 한국 음식을 만들 수 있어. 나는 또한 이탈리안 음식도 만들 수 있어. 나는 요리할 때 TV 쇼를 봐. TV 쇼 보는 것을 좋아하니?

B: 당연하지, 하지만 나는 쓰레기 같은 TV쇼는 즐기지 않아. 나는 동물과 자연에 대한 다큐멘터리 프로그램 보는 것을 좋아해.

A: 멋진데. 쓰레기 같은 TV 쇼가 많다고 생각해. 나는 나의 친구들과 내가 좋아하는 TV 쇼에 대해 이야기해. 나는 또한 매일 커피 마시는 것을 즐겨. 너는?

B: 나도 커피를 좋아해. 커피는 나를 행복하게 해. 내가 출근할 때, 나는 먼저 아메리카노를 마셔. 나는 쓴 커피를 즐겨. 맛이 좋고 환상적인 향이 나지.

A: I don't understand why many people are crazy about bitter coffee, Americano. I don't think it tastes good. It is terrible. I usually try sweet coffee. Do you enjoy playing sports?

B: Sure. I need to play something active. I love playing table tennis and badminton. Those are good for human health. However, I dislike running. It drives me crazy. What sport do you enjoy?

A: I like playing many sports. Sports are good. I think golf is my favorite. I can play golf well. I practise playing golf every day.

B: You are diligent! I go to an language school every morning. I study speaking Chinese and English. They are difficult. However, I am happy when I talk with people in Chinese and English.

A: 나는 왜 많은 사람들이 쓴 커피, 아메리카노에 빠져 있는지 이해가 안 가. 나는 그것이 맛있다고 생각하지 않아. 맛없어. 나는 주로 단 커피를 마시지. 스포츠 하는 것을 즐기니?

B: 물론이지. 나는 무언가 활동적인 것을 할 필요가 있어. 나는 탁구와 배드민턴 치는 것을 좋아해. 그것들은 인간의 건강에 좋아. 하지만 나는 달리기는 싫어. 나를 미치게 만들어. 너는 무슨 스포츠를 즐기니?

A: 나는 많은 종류의 스포츠를 하는 것을 좋아해. 스포츠는 좋아. 나는 골프를 제일 좋아하는 것 같아. 나는 골프를 잘 칠 수 있어. 나는 매일 골프 치는 것을 연습해.

B: 너는 부지런하구나! 나는 매일 아침에 어학원에 가. 나는 중국어와 영어 말하는 것을 공부해. 그것들은 어렵지. 그래도 나는 내가 사람들과 중국어와 영어로 대화할 때 행복해.

# Chapter 10

## Free Debate

### Read and Have a Talk!

# 10-1 Hobby

• 읽고 파트너와 서로의 취미에 대해 이야기하세요.

Everyone has a hobby. I have two hobbies. I don't have enough time, but I try to make an extra time for my hobbies. Many people want to enjoy something good.

I like going to the movies Friday night. My work ends at 8 o'clock. I make a plan for myself. I don't usually go to the movies with someone. I see a movie a week alone. It is my pleasure. I also ride a bike on weekends. Riding a bike makes

**플레절: 기쁨**

me pleased as well.

I want to spend a good time day by day. I don't want to get

**스뻬ㄴ: 보내다**

stressed. My daily life is busy. I am unhappy at work. I need

**일하는 중에**

hobbies because they make my stress released.

**륄리즈트: 풀린**

모두가 취미를 가지고 있다. 나는 두 개의 취미가 있다. 나는 충분한 시간이 있지는 않지만, 나는 나의 취미를 위해 여분의 시간을 만들려고 애쓴다. 많은 사람들이 무언가 좋은 것을 즐기고 싶어 한다.

　나는 금요일 밤에 영화관에 가는 것을 좋아한다. 나의 일은 8시에 끝난다. 나는 나를 위한 계획을 세운다. 나는 주로 누군가와 영화관에 가지 않는다. 나는 홀로 일주일에 영화 한 편을 본다. 나의 기쁨이다. 나는 또한 주말에 자전거를 탄다. 자전거 타는 것 또한 나를 기쁘게 한다.

　나는 나날이 좋은 시간을 보내고 싶다. 나는 스트레스를 받고 싶지 않다. 나의 일상은 분주하다. 나는 일하는 중에 기쁘지 않다. 취미가 나의 스트레스를 풀리게 하기 때문에 나는 그것들이 필요하다.

## 1) 연습하기 1

> Make questions to have a talk.
> 다음 질문을 인용하여 파트너와 대화하세요.

→ Do you have a hobby?

→ What hobby do you have?

→ What do you do when you get stressed?

→ What do you feel when you try something good?

→ Do you try very exciting sports?

⇩

→ 취미가 있나요?

→ 어떤 취미가 있나요?

→ 스트레스를 받을 때 무엇을 하나요?

→ 무언가 새로운 것을 시도할 때 어떤 기분이 들죠?

→ 매우 신나는 스포츠를 시도할 수 있나요?

## 2) 연습하기 2

> You should make more extra questions in your way.
> 다른 질문도 시도해 봅시다.

→ What kind of ⋯ ?

→ How do you do ⋯ ?

→ Why do you ⋯ ?

→ What else can you try ⋯ ?

→ Which do you like ⋯ ?

# 10-2 Friends

• 읽고 파트너와 서로의 친구에 대해 이야기하세요.

I have good friends. They are kind and gentle. I usually have fun with them on weekends. We go to the movies and play something exciting. We like talking and drinking coffee.

I talk with my friends about my daily life. They understand me in every way. I am always weary at work. I meet up with them after work. We talk about our stressful lives. They are also tired at work. I listen to them carefully. They carefully listen to me as well. I can release my stress at that time.

I think my friends are really good. They make me pleased in every situation. I make them happy too. I am very happy with my friends. I think we are very good friends.

나는 좋은 친구들이 있다. 그들은 친절하고 온화하다. 나는 주로 주말에 그들과 논다. 우리는 영화관에 가고 무언가 신나는 것을 한다. 우리는 대화하고 커피 마시는 것을 좋아한다.

나는 나의 일상생활에 대해 나의 친구들과 대화를 한다. 그들은 다방면에서 나를 이해해 준다. 나는 일하는 중에 항상 지쳐 있다. 나는 일하고 난 후에 그들을 만난다. 우리는 스트레스 많은 우리의 삶에 대해 이야기를 한다. 그들 또한 일하는 중에 피곤하다. 나는 그들의 말을 주의 깊게 들어준다. 그들도 나의 말을 주의 깊게 들어준다. 나는 그 때 나의 스트레스를 풀 수 있다.

나는 나의 친구들이 정말로 착하다고 생각한다. 그들은 모든 상황에서 나를 기쁘게 만든다. 나도 그들을 기쁘게 만든다. 나는 나의 친구들과 매우 행복하다. 나는 우리가 매우 좋은 친구들이라고 생각한다.

## 1) 연습하기 1

Make questions to have a talk.
다음 질문을 인용하여 파트너와 대화하세요.

→ Do you have many friends?

→ Are you kind to you all the time?

→ What do you do when you meet up with them?

→ Do you enjoy something special with them?

→ do you think your friends are all good?

⇩

→ 많은 친구들이 있나요?

→ 그들은 항상 당신에게 친절한가요?

→ 그들과 만날 때 당신은 무엇을 하나요?

→ 당신은 그들과 무언가 특별한 것을 즐기나요?

→ 당신은 당신의 친구들이 모두 착하다고 생각하나요?

## 2) 연습하기 2

> You should make more extra questions in your way.
> 다른 질문도 시도해 봅시다.

→ When do you usually have fun with … ?

→ What else do you do with … ?

→ What do you feel … ?

→ Are you weary … ?

→ What do you talk about … ?

# 10-3 Holiday

- 읽고 파트너와 서로의 휴일에 대해 이야기하세요.

I am a worker. I need holidays. I am tired at work. My workplace is quite busy. My boss bothers me all day. I am

콰잇: 꽤     바덜스: 괴롭히다

stressed day by day. I have a coffee break in my workplace, but it is not enough.

I have a 5-day holiday during summer. I make a plan to travel

듀링: 동안에

somewhere special. I don't think a 5-day holiday is enough. I think a 15-day holiday is good but it is impossible. I want to go to a different country during my holiday, but my holiday is short.

I visit my grandparents during Chuseok and Seollal. They welcome me whenever I visit them. My holiday is not long, but I spend a good time with my kins.

킨스: 친척

나는 직장인이다. 나는 휴가가 필요하다. 나는 일하는 중에 지쳐 있다. 나의 직장은 꽤 분주하다. 나의 상사는 하루 종일 나를 괴롭힌다. 나는 나날이 스트레스가 쌓인다. 나는 나의 일터에서 휴식 시간을 가지지만 충분하지 않다.

나는 여름 동안에 5일의 휴가가 있다. 나는 어딘가 특별한 곳으로 여행하기 위해 계획을 짠다. 나는 5일의 휴가가 충분하다고 생각하지 않는다. 나는 15일의 휴가가 올바르다고 생각하지만 불가능하다. 나는 나의 휴가 동안에 다른 나라에 가고 싶지만, 나의 휴가는 짧다.

나는 추석이나 설날 동안에 나의 조부모님 댁에 방문한다. 그들은 내가 그들을 방문할 때마다 나를 반겨 준다. 나의 휴가는 길지 않지만, 나는 나의 친척들과 좋은 시간을 보낸다.

## 1) 연습하기 1

> Make questions to have a talk.
> 다음 질문을 인용하여 파트너와 대화하세요.

→ Do you have a long holiday?

→ What do you do during holidays?

→ How many more holidays do you want?

→ Do you visit your kins during Korean national holidays?

→ Do you have a long break at work?

⇩

→ 당신은 긴 휴가가 있나요?

→ 휴가 동안에 당신은 무엇을 하나요?

→ 당신은 얼마나 더 많은 휴가를 원하나요?

→ 당신은 한국의 명절에 당신의 친척들을 방문하나요?

→ 당신은 일하면서 긴 휴식을 가지나요?

## 2) 연습하기 2

You should make more extra questions in your way.
다른 질문도 시도해 봅시다.

→ How long can you rest … ?

→ What else do you want to try … ?

→ When do/can you … ?

→ Are you weary … ?

→ Can you make a long holiday … ?